POUR L'HONNEUR

DU MÊME AUTEUR

MA LIBERTÉ, Plon, 1995.
PLACE DE LA RÉPUBLIQUE, Laffont, 1992.
ADRESSE AU PRÉSIDENT DES RÉPUBLIQUES FRANÇAISES, Quai
  Voltaire, 1991.
CULTURE : LES CHEMINS DU PRINTEMPS, Albin Michel, 1988.
A MOTS DÉCOUVERTS : CONVERSATIONS, Grasset, 1987.

FRANÇOIS LÉOTARD

POUR L'HONNEUR

BERNARD GRASSET
PARIS

Pour Ysabel

« J'ai des amis. J'en ai moins depuis que je
fus malheureux. Mais je crois qu'ils sont
meilleurs. Ils se connaissent et je les connais
à ce qu'ils me disent à chaque instant ce
qu'ils croient la vérité de ce que je fais. Je les
connais et ils se connaissent à ce qu'à chaque
instant je leur dis ce que je crois la vérité de
ce qu'ils font. »

CHARLES PÉGUY.

Cahiers de la quinzaine — Cahier III, VII
Édition de la Pléiade, p. 885
(œuvres complètes en prose)

CHAPITRE 1

La vérité, comme une petite fille...

Ce petit livre n'est pas tout à fait comme les autres. Ce n'est ni un roman, ni un essai, ni une thèse, ni même une réponse. On ne peut pas répondre à ce qui a été dit et écrit sur « l'affaire Yann Piat » par deux personnages qui ne méritent ni le titre de journalistes, ni à fortiori celui d'écrivains. C'est plutôt le nom d'imposteur qui conviendrait à chacun d'entre eux. Mais peut-on, et doit-on répondre à l'imposture ? J'aimerais le dire à chaque Français : N'avez-vous pas, comme je l'ai eu, ce sentiment d'extrême impuissance devant ce qui a été déversé au pied de votre porte pendant la nuit et qui s'appelle tout à la fois : machination, mensonge, amalgame, affabulation, délire de haine et de mépris ?

De nombreux citoyens, de droite ou de gauche, m'ont écrit pour me faire part de leur dégoût. Ce sont souvent des lettres très belles dans leur simplicité. La plupart commencent par cette formule : « Je n'ai jamais écrit à un homme politique. » Beaucoup évoquent une discordance de fond avec mes convictions, avec les choix qui sont les miens. Mais toutes sont marquées par une indignation, une colère qui éclate à chaque ligne. Je peux résumer sans crainte cette attitude à la formule : « Trop c'est trop. » Mais est-ce à dire qu'un peu moins, un peu moins de saleté, un peu moins d'insulte, cela aurait été acceptable ? A quel degré, à quel niveau dans la hiérarchie de la vilenie peut-on s'arrêter, doit-on s'arrêter ?

Est-ce que l'on peut calomnier un petit peu, comme le font chaque semaine certains journaux, et puis s'arrêter au bord du procès, après avoir encaissé l'argent de cette « petite » calomnie ?

Pour moi la démocratie c'est d'abord et avant tout un système de liberté. Cela veut dire que la société tout entière doit être organisée sur un principe de liberté. Ce principe est plus important que celui qui donnerait à une majorité tout pouvoir sur la minorité, tout pouvoir sur le droit, tout pouvoir sur la vérité...

Mais l'un de nos grands écrivains de ce siècle, à la fois penseur, éditeur et poète qui s'était insurgé contre l'injustice, avait pris la peine d'ajouter : « La liberté c'est un système de courage. » C'était Charles Péguy, mort dans un champ de blé, à la tête de sa compagnie, pour une simple histoire de courage. Pour une simple histoire de patrie.

Car au fond, comme toujours, c'est de la patrie qu'il s'agit. Je ne prétends pas faire de ma défense un sujet national. Je n'ai ni cet orgueil ni cet aveuglement. Un pays qui s'accommode, à ce niveau, du chômage de ses enfants, qui doute à ce point de ses institutions, qui hésite avec tant de crainte au moment d'aborder l'avenir, ne peut pas consacrer, plus qu'il n'est nécessaire, son attention à une sordide histoire de manipulation. Mais trois ans avant cette manipulation il y a eu meurtre. Et ce n'était pas un meurtre tout à fait comme les autres. La personne, la femme qui est tombée sous les balles des tueurs était parlementaire. Elle représentait, comme chaque député, la nation tout entière. L'assassiner c'était montrer, sans phrase, le peu de cas que l'on faisait de la démocratie, de ses règles, de ses débats, de la solution qu'elle proposait à nos différents conflits. Le meurtre d'un élu n'est pas un fait divers quand, à travers la personne elle-même, c'est ce qu'elle représente, les idées qu'elle défend, les positions qu'elle prend qui sont assassinées.

Si nous croyons un tant soit peu à ce que nous disons, chaque parlementaire est détenteur d'une part de la souveraineté nationale. C'est un vieux principe de notre Histoire et de notre droit.

Cette souveraineté, d'une manière ou d'une autre, est atteinte lorsqu'on s'en prend à l'une des personnes qui la détient. C'est pour cela qu'à travers ce meurtre, à travers – trois ans plus tard – un livre qui ajoute à la mort l'infamie du mensonge, c'est toute une conception de notre pays qui s'effondre.

Du moins tant que la Justice n'aura pas fait litière des effrayantes accusations qui ont été avancées.

Un premier pas a été franchi par l'autorité judiciaire lorsqu'elle a sanctionné, en fait et en droit, l'éditeur qui colportait, dans sa boîte à serpents, les mots qui tuent.

Mais ce n'est pas suffisant. Et de loin. Des procédures pénales sont engagées à l'encontre de ceux qui méprisent à ce point l'honneur des personnes et la réalité des faits. Elles suivront leurs cours, dont on sait qu'il sera long, très long.

Et entre-temps? Faut-il traverser la France avec le sentiment que tant que rien n'est démenti tout est vrai? Faut-il accepter l'idée que dans cette vallée de larmes celui qui ricane aura toujours raison de celui qui pleure? Faut-il penser que le droit à ne pas être déshonoré s'échange contre le devoir du silence et de l'anxiété?

J'ai choisi de peupler à ma manière ce silence

et de ne pas attendre, sur le pas de ma porte, qu'un juge vienne me dire que j'ai raison. Je connais la limite de l'écriture quand une image, une seule, peut détruire tout un raisonnement, quand une impression fugitive, une émotion peut balayer toute logique. Je connais la difficulté de lire quand la passion va de salons en bistrots, de carrefours en trottoirs. Mais que faire ? La laisser faire ? Voir, peu à peu, le mensonge devenir un argument, l'argument une opinion et l'opinion un jugement ?

Je crains que devant cette petite glissade d'inattention et de légèreté nous ne restions indifférents. Car la nouvelle révolution française c'est peut-être celle de l'indifférence. Je crains qu'après avoir fait de la vie politique, de ses passions, le cœur même du débat national, après avoir proposé au monde entier des drapeaux, des slogans et des armées, des libertés aussi, la France ne se retire. Je crains cela : ne croyant plus à rien, elle n'est crue sur rien. Elle ne s'ennuie pas elle-même, elle ennuie tout le monde.

Est-ce là mon pays qui pense avoir inventé la raison, les droits de l'homme, la justice et la liberté? Je ne me suis pas engagé, voilà vingt ans déjà, dans la vie publique pour me trouver ainsi, un soir d'automne, dans le filet d'une machination qui n'a pour elle que d'être un filet... Y être insensible c'est y rester enfermé. S'y débattre c'est s'emprisonner davantage. Car voilà l'admirable façon de mener aujourd'hui une élection. Dans un petit traité à l'usage des jeunes générations, les auteurs, les complices, les artisans et les concepteurs de cette manipulation pourront demain proposer leur théorie et leur pratique à tous ceux qui voudront plus tard s'épargner la fatigue et les tracas d'un débat électoral. Ce n'est pas très difficile. On répétera l'opération autant de fois qu'il le faudra; on peut même penser qu'au lieu d'en dépenser on y gagnera quelque argent...

Je ne sais pas comment dire cela. Un pays ne peut fonctionner, tenir debout, maîtriser ses conflits qu'avec un minimum de respect. D'abord ce qu'on pourrait appeler le respect pour soi-même, pour ses propres règles de droit, pour l'image que l'on donne de soi à l'extérieur. Ensuite pour les élus que l'on s'est donnés. Car c'est le peuple qui décide. On ne peut pas à la fois choisir d'être représenté et dans le même temps accabler ses représentants de toutes les fautes qu'un être humain est en mesure de commettre. Enfin pour cette forme de respect qui nous fait sortir de la jungle et de la violence : on présume que l'autre, le voisin, l'étranger, le proche ou le moins proche est d'abord un innocent. S'il fait une faute, je n'en décide pas moi-même. Je laisse la justice — cet appareil complexe d'hommes, de textes, de prudence et de procédures — trancher sur cette innocence ou son contraire.

S'éloigner de ces règles de respect ce n'est pas comme on le croit ici ou là avoir l'esprit libre. C'est être esclave de son caprice ou de son intolérance. Il a fallu quelques siècles pour arriver à cet état du droit qui s'approche de ce que le mot civilisation peut contenir. Encore savons-nous que tout cela est fragile. Le pays de Goethe, de Heine, d'Hölderlin a basculé en peu de temps de l'autre côté du miroir. Il nous a entraînés, nous Français, dans sa chute. Les Européens sont les mieux placés dans le monde, pour savoir que l'on passe, assez facilement de la plus haute culture à la plus grande barbarie. Ce n'est l'affaire que de quelques années et d'une crise économique profonde.

Nous n'en sommes pas là bien entendu, mais ne faut-il pas que quelques guetteurs, lorsque le système se détraque, donnent l'alerte? Je n'ai, en aucune manière, le désir ni la capacité de faire de ce désordre un événement. Des injustices beaucoup plus graves se dressent autour de nous. Mais ce n'est pas non plus une petite histoire que d'être accusé d'avoir fait, par militaires interposés, assassiner une femme...

Et cela, à travers les médias, devant plusieurs millions de nos compatriotes. Ce n'est pas seulement l'amertume qui m'habite, ni même la colère. Du moins sont-elles présentes en moi aux côtés de tant d'autres sentiments : la tristesse devant la lâcheté, la peine que j'éprouve pour ma famille, le mépris jusqu'à la nausée pour tant de bassesse, l'étonnement encore devant une

République si fragile, la nostalgie de temps plus héroïques, la force intacte enfin de mon désir de Justice.

Tout cela me fait penser à mon fils. Il ne comprend pas. Il n'a pas à comprendre. Il joue avec la vie dans l'innocence de ses quatre ans. Mais l'autre matin, écoutant la radio, juste avant l'école, il me dit « qu'est-ce que c'est le cœur du pouvoir ? » Il avait repris, comme tant d'autres, les mots mêmes qui sortaient du poste. Mots que je recevais comme on reçoit des pierres sur une place publique. Ce dont peut-être il s'était rendu compte...

Et j'aimerais lui raconter comme une histoire. Lui dire cela dans le secret d'un soir : la vérité c'est une petite fille. Elle est à la fois timide et audacieuse. Elle se glisse au milieu des grandes personnes lorsqu'elles croient dire des choses sérieuses. Elle les dérange. Ils ne la voient pas mais elle est têtue. Elle marche sur les pieds des importants. Parfois elle éclate de rire. Parce que leurs mensonges sont ridicules. Parfois elle est triste. Parce qu'ils ne l'écoutent pas. Et puis elle va jouer. Toute seule dans son coin. Cela s'appelle le jeu de la vérité : « C'est quoi le pouvoir ? C'est quoi la mort ? Dessine-moi le bonheur... »

Alors il y a beaucoup de silence autour de la petite fille. Comme une sorte de gravité. Tout le monde s'est retourné. Elle s'aperçoit qu'elle a dit quelque chose d'étrange. Elle ne s'excuse pas.

Parfois elle s'ennuie, la petite fille. Elle a son secret en travers de la gorge. Elle ne sait pas à qui le confier. Elle a peur qu'on se moque d'elle.

Alors je mets mon fils à côté d'elle. J'aimerais qu'ils se connaissent. Et qu'il me dise un matin : je vais te présenter la vérité. Elle est tellement belle...

Un jour, le plus tard possible, je lui donnerai ce petit livre, à mon fils... J'essaierai de lui parler de la République, ce rêve inachevé que nous avons en nous. Je tenterai de définir le mot Justice, ce à quoi personne n'est jamais parvenu. Il s'arrêtera peut-être sur la mort d'une femme. Je lui dirai que ce n'est pas bien de mentir. Et comme nous tous il le fera quand même. Je lui parlerai de ma vie publique : de la mairie, du Palais-Bourbon, des Ministères et de bien d'autres choses encore. Comme chacun des garçons de France, il choisira son avenir dans un monde beaucoup plus difficile que celui que nous avons connu. Et s'il veut se présenter à une élection je lui conseillerai de longuement y réfléchir. Et de lire ces quelques pages...

CHAPITRE 2

L'homme-poubelle

L'homme-poubelle est une espèce relative-
ment nouvelle dans notre société. Il y avait
l'homme-orchestre; les Américains avaient inventé l'homme-sandwich. C'était un peu humiliant
de porter sur son dos cette grande pancarte qui
— comme tout le reste d'ailleurs — écrasait l'homme lui-même. L'homme-poubelle n'est pas
l'éboueur, profession extrêmement utile et qui
suppose, à la fois, force, endurance et dextérité.

Non. L'homme-poubelle c'est d'abord un
homme qui aime l'odeur caractéristique de ces
grandes boîtes où s'accumulent nos déchets. Il
sait bien que c'est là que tout finit : la vie,
l'amour, les lettres anonymes, et les rapports de
police. C'est aussi parfois un début. C'est dans
une corbeille à papier qu'avait commencé
l'affaire Dreyfus. Il s'en souvient vaguement...

J'avais connu ainsi un haut fonctionnaire qui faisait prendre des photos d'un élu lorsqu'il était en compagnie de sa maîtresse. Ces amours de province sont fréquentes, assez littéraires et généralement pardonnées. Je cite ce haut – fonctionnaire comme un début d'exemple. Mais l'homme-poubelle va beaucoup plus loin. Il prend d'abord pour argent comptant (c'est le cas de le dire) ce qui lui est rapporté de l'autre – généralement un adversaire – et qui correspond à sa propre turpitude. Il s'arrange ensuite, dans les dîners en ville, pour que cela soit un peu embelli et si possible transmis. L'homme-poubelle aime la rumeur. Il la flaire de loin, s'étonne parfois de ne pas l'avoir lancée, puis à nez déployé il s'enivre d'elle et s'en parfume comme un muscadin.

Il est précautionneux sur la morale et encore plus sur la loi. Il ne va au bordel qu'avec la bienveillance du commissaire de police, en s'arrêtant aux feux rouges et en saluant le curé. L'homme-poubelle peut accéder – c'est généralement son souhait de jeune homme – à de grandes destinées. Il s'en sert ensuite pour humer des secrets, voire les inventer. Par hasard il tombe sur des officines qui aiment, fabriquent ou diffusent quelques roublardes inventions. Il s'en approche, s'en fait connaître, s'y fait un nom. Bientôt on l'utilise. A la veille de chaque élection, il devient précieux. Il le sait, reçoit la Légion d'Honneur pour quelques menus services. Enfin, le voilà paré d'un uniforme. Le 14 juillet n'a plus de secret pour lui. Les discours sont à gauche, dans la vareuse, côté cœur. Mais sur l'estrade il sont à droite, du côté de l'émotion. On ne lui fait pas le coup de la patrie, de Verdun, voire de l'Indochine. Il sait tout cela par cœur. Dans l'épopée coloniale il est imbattable. N'ayant pu, pour cause de petits rhumes, y participer, il s'y est fait des amis au moment du bridge ou du whisky. L'homme-poubelle est républicain. Naturellement. Comme une seconde nature. Il est patriote. Il ne comprend pas ces subtiles différences entre la droite de Londres et celle de Vichy. Il aimerait tellement qu'on en finisse avec tout ça... Le Pen lui plaît qui parle à ses tripes. *Le Monde* est au-dessus de ses moyens. Il peine à lire comme il peine à aimer. Alors il va de *Minute* au *Canard Enchaîné* pour se faire une idée des affaires. Il regrette de ne pas toujours y être, mais se promet de faire mieux la prochaine fois. Avec une petite griserie dans la démarche il invite à déjeuner des militaires, des journalistes. On est dans l'investigation comme d'autres sont dans la banque, le show-biz, l'informatique. On commence par monter des petites combines. Pas dangereuses. Du chantage de sous-préfecture. Puis on passe à plus sérieux. On est près du pouvoir lorsqu'il est à droite parce qu'il faut bien vivre, près de l'opposition à tout hasard. Mais on n'aime pas la gauche. Avec sa morale de patronage. On sait que la politique c'est sérieux et plutôt sale. Tellement sérieux qu'il faut en vivre. S'il y a des règles, c'est pour les gogos. On aime les Généreux Renseignements, les notes blanches qu'on met sur la table d'un interlocuteur médusé, comme au poker. C'est la partie cachée du jeu. On la préfère aux grandes joutes oratoires, aux déclarations de principes, à la lumière de l'Assemblée, aux grands débats de morale politique. C'est d'ailleurs tout simple, on ne s'encombre pas de principes. Tout est d'exécution.

C'est d'ailleurs le poker-menteur qui plaît à l'homme-poubelle. Ce n'est pas qu'il déteste la vérité. C'est qu'il ne sait pas très bien ce que c'est. Quand il l'a rencontre il s'en méfie. Ce serait trop simple s'il y avait des histoires vraies, s'il y avait du vrai dans les histoires...

Falsifier, il aime. Manipuler le grise. Au nom de la morale qui ne s'en sortirait pas toute seule si on ne lui donnait pas un petit coup de main.

Il a de grands aînés, des références, l'homme-poubelle. Cela fait cinquante ans, cent ans, que la République a besoin de ses services. Il sait tout de l'intérieur... On devrait d'ailleurs demander au ministre du même nom : l'intérieur de quoi ? C'est un peu comme le cancer. Quand c'est avancé, on n'ouvre plus. Alors en haut lieu, on n'ouvre plus rien. On sait que ça existe. On n'aime pas trop en parler. Mais ça peut toujours servir... Alors de temps en temps on décore, on invite, on place. Il y a des niches pour ce genre de chiens... Et il y a toujours des chiens pour ce genre de pouvoir. Mais vous savez : ce n'est pas si dangereux qu'on le dit. Ils ne mordent pas. Ils bavent.

« Pauvre sens et pauvre mémoire... »

Ne dites pas à ma mère que je suis un assassin. Elle pense que je suis parlementaire. Elle me croit raisonnable, sérieux, engagé. Elle me voit parfois à la télévision défendant quelques principes, ferraillant contre tel ou tel, participant à des congrès, arbitrant des litiges, préparant des candidats. Elle ne m'a encore jamais vu perdre une élection. Tout simplement parce que, sur mon nom, je n'en ai jamais perdu. J'en étais même en juin dernier à la quatorzième. Je ne sais plus qui disait : « C'est avec les jeunes turcs qu'on fait les vieux cons... » Ce n'est pas agréable à entendre mais on en entend tellement... Voilà donc ce qu'elle voyait, ce qu'elle savait, ce qu'elle entendait, ma mère.

Bien sûr, de temps en temps il y avait une vacherie. Une petite saleté qui venait là, en dehors de toute idée, de tout débat, de toute confrontation de l'esprit. Mais cela faisait partie du paysage. On s'y attendait. Même au-dessous de la ceinture, on sait que cela se donne, ces coups-là. On encaisse. On en a vu d'autres. La démocratie pour certains c'est aussi la liberté de salir.

Ce qui était ennuyeux, aux yeux de ma mère, c'est que cela avait tendance à se développer. Elle est Corse. Chez nous, voici quelques décennies, cela se réglait autrement. Il pouvait y avoir des morts. Mais, au fond, on préférait cela. Après c'était réglé. Enfin presque... Elle ne comprenait pas qu'il fallait attendre des mois, voir des avocats, lire un Code pénal pour ne rien oublier, attendre que les juges se prononcent. Forcément tout cela l'irritait. Elle avait d'autres souvenirs. Elle avait raison, ma mère.

D'ailleurs beaucoup de nos compatriotes pensent comme elle. Entre l'insulte et la réparation le chemin est tellement long qu'on finit par oublier d'où l'on est parti. L'injure est publique. C'est sa fonction d'être publique. Sa nature. La réparation n'intéresse personne. Et certainement pas ceux qui ont mis en scène l'accusation. Tenez : une radio publique un petit matin du mois d'octobre. Radio de service public, disent-ils... C'est beau comme du Corneille. On est au service de tous, l'intérêt général, la neutralité, la laïcité, la probité... Tout ça, c'est nous... Ça ne mange pas de pain comme on dit dans les bistrots... Mais si vous rendez visite à la bêtise, elle vous raccompagne jusqu'à la porte.

Alors, là, sur cette radio que je contribue à financer, (un contribuable, ça contribue...) pendant plusieurs dizaines de minutes, un matin, au réveil : oui, on peut penser qu'il est le chef de la maffia... Oui, probablement, c'est lui... Mais je ne donne pas de nom... Il est simplement dans le Var... C'est un ancien Ministre... (Il n'y en a pas eu d'autres depuis des décennies...) De la défense ? Ah, oui, peut-être... Et puis on fait parler les auditeurs. Il faut entendre ceux qui écoutent c'est une grande règle de morale. « La preuve du pire, disait Sénèque, c'est la foule. » Que je ne confonds pas avec le peuple. On est irréprochable puisque ce sont les auditeurs qui le disent... Ça fait de l'audience, l'auditeur... Que pas une seconde l'idée ne soit venue d'interroger ce que l'on appelle dans les prétoires la défense, que pas une seule fois on n'ait songé à faire quelque chose qui pourrait s'apparenter à de la contradiction en dit long, plus long que toutes les thèses de sociologie, sur cette résignation qui fait les âmes faibles et dans laquelle de Montesquieu à Benjamin Constant on a toujours vu la vraie faille des démocraties. Leur naufrage.

Mais passons sur cette radio... Ce n'est pas de l'indulgence mais je ne confonds pas une erreur avec une rédaction. Il y a plus intéressant : cette sorte de porosité entre la presse d'extrême droite et celle qui – au nom légitime de l'ironie – se prétend au service de plus nobles causes... Généralement de gauche, cette dernière se vend bien. Mieux que la première. Mais désormais existe entre les deux une sorte de « front républicain » inattendu, paradoxal, déroutant, mais tellement dans l'air du temps... Car l'air du temps c'est le mépris. On a connu des cieux plus cléments pour la « chose publique ». Mais, dans la hiérarchie des sympathies, passer derrière les prostituées, on n'avait pas encore vu... C'est ce que nous disent aujourd'hui les sondages sur les hommes politiques...

Après tout, peut-être l'avons-nous mérité. Peut-être, jadis, ne pouvait-on pas le mesurer... Mais la désinvolture avec laquelle est traité le Parlement depuis tant d'années ne donne à personne l'idée même du respect, ni même de ce que l'on pourrait appeler celle de l'utilité sociale. Le comportement même de certains hommes politiques (mais ni plus ni moins que dans d'autres « professions ») a certainement contribué à ce climat. Je ne parle même pas de l'intégrité considérée comme la traduction d'une certaine attitude vis-à-vis de l'argent, je parle surtout de l'intégrité des idées, de la cohérence intellectuelle, du refus de la démagogie et des promesses que l'on ne tiendra pas.

« Pauvre sens et pauvre mémoire m'a Dieu donné le Roi de gloire... » C'est certainement à ce constat, proposé par Rutebœuf, que nous sommes appelés. Mais pourquoi nous seulement? Comment ne pas voir dans ce qui arrive à la chose publique l'image même de notre communauté nationale tout entière?

Pays désemparé comme un bateau démâté. Un Président qui a d'immenses pouvoirs et qui ne peut plus les exercer. Une gauche qui gouverne et qui est minoritaire dans les esprits. Une droite faite de chapelles, de confessionnaux, de chefs de guerre sans batailles et de batailles sans victoires. Des syndicats cajolés qui ne représentent qu'un salarié français sur dix. Des journaux dits nationaux qui ont du mal à traverser le périphérique. Un pays qui fait la guerre de 40 au moment où d'autres commencent un nouveau siècle. Une société qui bat avec assurance le double record du niveau de l'impôt et du niveau du chômage. Une nation qui a fait du « tout exécutif » sa règle de conduite comme on faisait jadis dans les maisons modernes, si vite vieillies, du « tout électrique ». Un pays qui a dans ses Assemblées moins de femmes qu'à la Libération et moins... qu'en Tunisie. Un pays... Je m'arrête. C'est mon pays. Celui de mes ancêtres. Celui que l'on m'avait décrit si beau, si courageux, si téméraire que j'en viens à me demander où il est passé...

« En étrange pays dans mon pays lui-même... » disait Aragon. Ce sentiment d'étrangeté je l'éprouve aujourd'hui plus que je ne l'ai jamais éprouvé.

Peut-être avons-nous trop parlé des droits de l'homme, tout en acceptant, sans mot dire, l'absence des avocats dans les commissariats, la présomption de culpabilité, le déballage public de l'instruction judiciaire, la politisation de la magistrature, l'intervention si fréquente du pouvoir dans les procédures...

Peut-être avons-nous trop parlé de démocratie quand nos institutions ne reflétaient plus qu'imparfaitement l'idée même de responsabilité gouvernementales ; lorsqu'on découvre que depuis longtemps déjà le Premier ministre n'est plus responsable devant l'Assemblée et que les lois sont rédigées par les fonctionnaires des grandes administrations centrales...

Peut-être avons-nous trop parlé de liberté de la presse quand l'abus de cette liberté consistait essentiellement à n'être jamais, par quiconque, sanctionné...

Peut-être avons-nous trop exalté l'Etat lorsqu'on voit qu'il lui arrive de s'égarer dans des besognes indignes, que nous appellerions de basse police si nous n'avions pas pour la police le respect qui lui est nécessaire...

Peut-être avons-nous eu pour le Général de Gaulle une vénération qu'il aurait lui-même réprouvée puisque la Constitution qu'il avait construite correspondait à des temps exceptionnels et qu'au lieu de nous réjouir de la pérennité de ces textes nous aurions mieux fait de les adapter aux exigences du monde qui vient...

Ce sont tous ces « peut-être » qui aujourd'hui me hantent. Je ne m'exonère en rien de ma part de responsabilité quand je vois qu'accumulées les unes aux autres ces petites lâchetés de chaque époque aboutissent à cette évidente défaite de notre démocratie lorsque l'extrême droite est à 15 % des suffrages.

Et l'interrogation de certains sur la question du Front national vient d'un petit mouvement de panique devant cette alternative : s'allier avec lui c'est perdre. Récuser cette alliance c'est perdre aussi.

Le propre d'une contradiction de cette nature, me semble-t-il, c'est d'être démentie par le courage qui la refuse. C'est une vieille leçon militaire : si j'avance, je meurs ; si je recule, je meurs. Pourquoi reculer ?

Le Pen est tellement une caricature que ça lui fait comme une excuse : il a le verbe fort et la pensée faible. Cela suffit à certains pour donner de la gueule sans penser à leur haleine.

Mais il faudra bien, un jour, le plus vite possible, faire notre examen de conscience et considérer qu'une machination comme celle que j'évoque dans ces pages ne peut être que l'aboutissement d'un long processus de dégradation de notre vie publique. Elle ne vient pas comme un coup de tonnerre dans un ciel serein. Elle est l'ultime étape d'une maladie de langueur. L'inadvertance, la désinvolture comme la mauvaise conduite du malade — c'est-à-dire de la République — l'ont amené à cet état d'extrême faiblesse. On pourra mettre autour du lit tous les Diafoirus de notre pays, ils ne pourront que constater que notre fille est muette s'il apparaît possible aujourd'hui de gagner une élection en la couvrant simplement de fumier.

Car c'est bien celle-ci l'opération qui a été menée. Il s'agissait, à l'évidence, quelques mois avant l'élection de mars 1998, de faire en sorte que les deux hommes qui incarnent une majorité politique régionale, Jean-Claude Gaudin et moi-même, soient profondément discrédités pour mener la campagne.

Comment, en effet, peut-on s'y engager si flotte dans l'esprit de chacun l'ombre même du soupçon?

A cet égard l'opération est faite à la fois d'une grande précision (elle détermine au bon mo-

ment ses cibles avec beaucoup d'efficacité...
électorale) et d'une vaste confusion puisqu'elle
cache ses vrais auteurs derrière le rideau bien
commode d'écrivaillons sans talent.

Une horlogerie si minutieuse ne peut être que
le fait de professionnels si l'on peut parler ainsi
des esprits qui l'ont conçu et non pas des
plumes assez misérables qui s'y sont prêtées.

Ainsi donc une bombe a explosé. Elle a déjà
fait quelques ravages. On se redresse, on enlève
les gravats, les vitres cassées... Mais la seule
question qui vaille est bien celle-ci : qui a ap-
puyé sur le déclencheur ?

CHAPITRE 4

Jusqu'ici on n'avait pas osé...

Assassin. Jusqu'ici on avait entendu des mots différents ; on m'avait lu des pages étranges où il me semblait que l'on parlait de quelqu'un d'autre. J'ouvrais le journal, toujours incrédule, et je déroulais le fil d'un portrait, d'un événement, d'une anecdote, d'une accusation où je ne retrouvais rien de ma vie, de mes propos, de mon attitude.

Mais assassin on n'avait pas encore osé.

Je pensais bien que cela arriverait puisque l'on traîne aujourd'hui devant le juge pénal des maires qui ont eu cette inconséquence coupable de laisser une vieille personne glisser sur un trottoir...

Je pensais que cela viendrait ayant déjà reçu

quelques tracts – généralement d'extrême droite – où des actes passés par la commune que je dirigeais, approuvés, contrôlés, votés publiquement, étaient présentés comme la petite partie d'une immense conspiration financière et maffieuse dont tout le monde autour de moi se trouvait complice.

Mais assassin on n'avait pas encore osé.

J'avais bien entendu dire que je devais nécessairement être coupable puisque, pour ainsi dire, on en avait ainsi décidé, qu'il ne pouvait pas en être autrement et que cela assurerait une sorte de tranquillité publique aux différents malaises de notre époque.

Il fallait qu'entre un certain nombre de faits, de délits commis ici ou là, de situations opaques ou non élucidées, j'assure à moi seul l'idéale cohérence. Lorsque l'on construit une voûte, il faut à un moment donné trouver la vraie pierre, la bonne, celle à qui l'on donne le nom de clef et qui – seule – permet à l'ensemble de tenir debout. Je crois que j'étais une bonne clef.

Car c'est bien de construction qu'il s'agit.

Entre deux journalistes sensibles aux effluves de certains marécages, quelques égarés de services secrets ou discrets et quelques personnalités qui manipulent les premiers et les seconds il y a comme la chaîne d'un chantier où circule de l'un à l'autre : le ciment, la truelle et la pierre. La différence avec le métier du bâtiment c'est qu'il semble préférable dans notre cas que les ouvriers de cette chaîne paraissent ne se point connaître.

Car assassin on n'avait pas encore osé.

L'opération était risquée. On s'approchait de l'élection régionale mais il ne fallait pas que ce soit trop proche de cette date, mars 1998, où le peuple peut avoir le sentiment qu'on se moque de lui. Point trop n'en faut. Il faut salir mais au bon moment. Vous ne pouvez pas arriver couvert de boue devant un isoloir. Les gens ne croiraient pas que cela est fortuit.

Donc, la date. L'automne est propice à l'élévation de cet édifice. On prépare depuis plusieurs mois le terrain – ce sont les fondations – on laisse passer quelques hypothèses, on trace quelques pistes, on laisse entendre... Certains journaux sont des matrices toutes chaudes pour porter ces premiers vagissements.

Puis la langue française, dans sa générosité, sa finesse, offre le concours précieux de sa grammaire : c'est le conditionnel.

Il apparaîtrait... il pourrait se faire... il ne serait pas impossible que... Généralement on termine par « tout cela demanderait à être vérifié... »

N'importe quel jeune avocat dont le visage est encore illustré par une acné juvénile vous démontre en un quart d'heure que vous n'êtes pas diffamé puisque conditionnel il y a...

Alors, il faut revenir en arrière. Le film ne peut pas commencer par ce bout-là, trop sensible pour moi, trop évident. Il faut qu'un vrai

Jusqu'ici on n'avait pas osé...

roman policier commence par une vraie mort. Une mort étrange, effrayante, dont chacun des éléments fait peur. Nous y sommes. Le récit peut commencer.

CHAPITRE 5

*La petite route du
Mont des Oiseaux*

Nous sommes en février 1994.

Je suis dans la petit maison de mon épouse, à Fréjus, un soir de fatigue, comme il y en eu tant durant cette période, lorsque le téléphone se met à sonner. Je n'attends jamais rien de bon de cette sonnerie et généralement c'est mon épouse qui décroche pour inventer en quelques secondes : « Il est en réunion... Il vous rappellera... Je vais essayer de le joindre... »C'est une répartition des rôles. Notre petit garçon dort en bas de la maison, dans un ancien garage que nous avons fait aménager en chambre pour enfant. Il a quelques mois seulement.

Ma femme me dit, en cachant dans sa paume le combiné du téléphone : « C'est le Préfet. »

Je suis à ce moment-là Ministre de la Défense et je dérobe quelques instants de bonheur, de vie familiale, à la lourdeur de cette tâche en venant auprès des miens oublier un peu les tracas.

A cette époque nous avons encore des forces militaires nombreuses en Yougoslavie et très généralement le téléphone m'annonce quelque difficulté, une montée de la crise, une situation nouvelle... Mais je ne suis pas inquiet : lorsque c'est grave, c'est le chef d'état-major qui appelle, ou Matignon, ou parfois le Premier ministre lui-même.

Je connais Monsieur Leblond, Préfet du Var depuis déjà quelque temps. Un homme extrêmement courtois, posé, sachant apaiser les conflits ou les expliquer. Nous avons d'excellentes relations ce qui ne sera pas le cas avec son successeur.

Je prends le téléphone, m'assieds devant le feu de la cheminée et suis frappé de stupeur : le Préfet m'annonce la mort de Yann Piat.

Mon premier mouvement est celui de la mémoire. Yann était une belle femme. Nous avions plaisir à parler avec elle, à tenter de percer la clarté de son regard où se lisait à la fois la volonté, la dureté et, si souvent, la lumière du sourire. A ces moments – là son visage tout entier rayonnait. Le peu de femmes siégeant à l'Assemblée, son parcours atypique, son passage au Front national, tout cela avait fait de Yann une personnalité peu commune. Elle en remontrait à beaucoup de nos collègues masculins quant à l'énergie, la vivacité, la résolution. C'est donc un étrange sentiment qui m'envahit dont je reconnais la partialité : la mort d'une femme, comme celle d'un enfant, touche en plein cœur, l'idée que nous avons de la fragilité. Le caractère précieux de la vie est tellement associé à la femme, à la mère, que l'irruption de la mort nous frappe de saisissement, de stupeur. Ce sentiment était d'autant plus fort que l'engagement politique, en France, reste marqué, par une forme de brutalité, de cruauté, de vulgarité même, qui est très étrangère à la sensibilité féminine. Il y avait là l'énigme d'une mort dont la symbolique renvoyait à l'idée d'innocence face à l'arrogance des hommes, à leur force, à la bêtise de leur assurance.

Je fus accablé par cette annonce. Le Préfet n'avait que peu d'éléments d'information. Ma femme et moi, toute la soirée, nous parlâmes de cet événement inouï : l'assassinat d'une femme, d'un parlementaire, d'une amie, chez nous, dans notre département déjà touché par tant d'affaires, de rumeurs, de désordres moraux et politiques. Je devinais qu'allait s'abattre sur le Var un déluge de commentaires dont on savait à travers l'affaire Arreckx, qu'ils seraient à juste titre malveillants.

La deuxième image qui vient au début de ce récit est celle des obsèques de Yann. J'étais entre temps retourné à Paris et je revins, ce matin-là, au milieu d'une foule incrédule et stupéfaite m'associer à la détresse de la famille. Ce n'était pas une église qui nous accueillait, contrairement à ce qui, jusqu'à présent, m'était resté comme souvenir, mais une salle dite polyvalente où se pressaient de très nombreux parlementaires, la famille, les amis de Yann, celles et ceux qui avaient soutenu sa démarche. Le maire de La Londe avait son écharpe tricolore, Valéry Giscard d'Estaing avait tenu à être au milieu de la famille et, membre du Gouvernement, je me trouvais au premier rang. Je ne sais plus à quel moment de la cérémonie religieuse j'ai été amené à m'exprimer. Mais je tenais à le faire, je voulais que ce soit très bref et que mon émotion puisse être partagée par chacun. Il fallait que ce soit le contraire de ce que font trop souvent les hommes politiques : un mélange d'emphase et de bons sentiments où toutes les vérités s'épuisent. Je n'ai pas conservé le petit texte manuscrit que j'avais rédigé dans l'avion qui m'amenait à Hyères. Peut-être certains en ont-ils le souvenir. C'était très bref et j'eus beaucoup de mal à contenir la révolte et la tristesse qui nous habitaient tous.

Ce qui me frappe, en repensant à cette époque, c'est l'abondance des éléments qui traduisaient la présence souterraine ou publique de la violence – et probablement de l'argent – dans les combats politiques de la région toulonnaise.

On savait, depuis plusieurs années, que le milieu, illustré notamment par un dénommé Fargette, avait pris la décision de se déployer sur l'agglomération de Toulon. Les liens présumés entre Fargette et certains hommes politiques du département étaient connus de tous, y compris des différents services du ministère de l'Intérieur. La question n'était donc pas de savoir si cela existait. La question était de savoir s'il y avait ou non une frontière entre l'action de Fargette et la vie personnelle ou politique de certains élus. Les bars, les commerces sautaient un à un, les corps des voyous allongés au pied des voitures faisaient la une des journaux, les bandes se déchiraient et l'évidence de cette « guerre » pour contrôler un territoire était admise par chacun, journaliste ou policier. La mort de Fargette ne mit pas un terme à cet état de choses mais la question restait entière de son emprise ou de celle de ses successeurs sur certains élus de l'agglomération toulonnaise.

Car il faut observer que cette situation était strictement limitée à la ville de Toulon et à son environnement immédiat. Dans les autres communes du Var la stupéfaction était grande de voir que l'on assimilait l'ensemble du département – en grande partie rural – à sa capitale. Le littoral lui-même en dehors de la ville d'Hyères échappait, selon la police et l'avis de tous, à cette règle.

J'éprouvais, avec de nombreux élus, une grande amertume à voir sans cesse revenir sur le devant de la scène notre département dans de telles circonstances. L'idée de responsabilité collective, que j'ai toujours considérée comme à l'opposé de mes convictions, l'emportait dans beaucoup d'esprits sur l'analyse détaillée des faits, sur la localisation des événements, sur les conclusions généralement fondées et patientes qu'en tirait la justice. Mais c'était ainsi : à l'instar du Marseille des années trente, le Var semblait devenir, aux yeux de certains, la terre d'élection d'une pègre d'autant plus dangereuse qu'elle déshonorait le monde politique.

Je sais le reproche qui peut nous être fait et qui peut m'être fait. Pourquoi n'avez-vous pas plus tôt réagi ? Pourquoi avez-vous laissé faire ou semblé laisser faire ? Je ne vois pas d'autre réponse à cette question que la profonde répugnance qui est la mienne (hélas assez peu partagée) à jouer le rôle de procureur. J'admire avec quelle facilité aujourd'hui chacun se fait juge de son voisin. Les procès n'ont plus lieu seulement dans les tribunaux : les procédures y organisent heureusement comme un rempart que la mauvaise foi a du mal à franchir. Mais aller chercher – pour y confier sa petite déjection – le nid douillet d'un journal, cela devient tellement tentant, tellement accessible que l'on semble naïf si on ne le fait pas. Au demeurant on est si bien accueilli... Les différentes chaînes de télévision n'ont pas beaucoup de caméras pour parler de l'emploi. Mais si une petite odeur de moisi vient s'échapper d'un modeste chef-lieu de canton, c'est par camions entiers que l'on voit débarquer la nouvelle armée de la pureté cathodique...

Ce peu de goût pour la fonction d'accusateur public me fut plusieurs fois reproché. Si j'ai certainement eu tort de ne pas avoir comme on dit « fait le ménage » je demande simplement que l'on me dise comment il fallait le faire à partir du moment où les soupçons que nous avions ne permettaient – aux yeux mêmes de la Justice – aucune action publique.

Mais nous eûmes une occasion concrète de réagir. Ce fut au moment de l'élection du nouveau Président du Conseil Général. L'ancien Président, Maurice Arreckx, battu aux élections cantonales de 1994, laissait une situation totalement ouverte dont il fallait se saisir si l'on voulait donner au département une autre image.

Après avoir été moi-même conseiller général de 1979 à 1988, je ne m'étais pas représenté et voulais proposer à l'un de mes amis Hubert Falco d'assumer une relève morale et politique dans des conditions que l'on savait extrêmement difficiles. J'avais permis à Hubert Falco d'être parlementaire, il possédait les qualités d'intégrité et de courage, d'enracinement aussi qui lui permettaient d'être reconnu. Je fus suivi par la majorité départementale en avril 1994. Depuis cette date le département est géré d'une manière que personne ne conteste : la transparence, la rigueur, l'impartialité sont les règles de conduite de l'exécutif et de l'assemblée tout entière.

Mais il reste la tache rouge et noire du sang versé sur la petite route du Mont des Oiseaux, ce soir de février 1994... Et c'est cela qui ne peut pas rester impuni...

CHAPITRE 6

La vérité s'échappe

Ce n'est pas à Paris, dans les salons des « bons » arrondissements que l'on découvre le vrai visage du Front national, son influence réelle, sur un pays qui accepte comme une fatalité son propre malheur.

C'est dans la France abandonnée à elle-même, dans celle de la pauvreté et du chômage, dans ces morceaux de villes et de campagnes où toute culture est en déroute que l'on doit faire son enquête. Comme pour l'alcoolisme qui peut être populaire ou mondain : si les dégâts sont les mêmes, ils ne sont pas payés de la même façon...

Le populisme est là où on l'a mis. Dans la tête des uns et des autres, dans la complaisance de la gauche et l'indulgence de la droite, dans toute l'entreprise, depuis longtemps menée, de l'irresponsabilité généralisée.

On parle aujourd'hui de « l'établissement » dans des termes soigneusement testés, sur un terrain soigneusement préparé à recevoir les coups qui lui sont destinés. « L'établissement » c'est Job sur son fumier. Cela fait des années qu'en France on détruit à coups de millions de francs ce qu'on appelait jadis les élites et dont le seul mérite est justement – généralement par un concours – de mériter ce titre.

Lorsqu'on rémunère un animateur de variétés dix fois, vingt fois plus qu'un chercheur, lorsqu'on paie un joueur de foot beaucoup plus qu'un grand médecin, lorsqu'on finance des émissions de télévision dont le seul but est de rendre parfaitement dérisoire l'engagement politique, on a déjà mis dans les cerveaux ce qui les détruira. Lorsqu'on voit une chaîne publique contribuer à la notoriété d'un livre qui sera le lendemain à quatorze heures condamné par la justice, lorsqu'on le fait au nom du « droit à l'information » avant qu'il ne soit trop tard et qu'en plus on a bonne conscience, alors la boucle est bouclée : à quoi sert-il alors de proclamer comme nécessaire l'instruction civique lorsque l'argent public est utilisé d'un côté à décerveler et de l'autre à réparer les dégâts que l'on a ainsi commis ?

Le Front national ? C'est votre voisin de palier. Voilà ce que je suis tenté de dire aujourd'hui à tous ceux qui évoquent cette hypothèse comme une sorte de sanction à venir, comme un lointain d'ombre et de fantasme destiné à faire peur. Et je le dis d'abord à ceux qui crient au loup après avoir mis le loup dans les têtes...

Car ce n'est pas le loup des petits-enfants, la sorcière du fond des forêts ; ce n'est pas non plus une sorte d'Allemagne imaginaire que nous traînerions derrière nous comme un mauvais jouet en bois, cassé par les chaos de l'histoire.

Non. C'est le Front national français, bien prospère, bien rasé, établi comme un bon épicier, au cœur du village, pas loin de la mairie ou

de l'église, là où se discute le déjeuner des familles, le pronostic prudent sur la météo, le
commentaire sur la femme du voisin.

« Mains propres disent-ils. Ripoux-blique.
Libre échangisme Fédérastes » (il s'agit des
Européens)... Et les rires entendus se succèdent.
On se tape sur les cuisses.

Dans une petite ville de Provence le responsable : condamné pour fraude fiscale, condamné
pour proxénétisme (Ah! mais il fait appel,
Madame...!) est en même temps le président
de l'association de défense des contribua-
bles...

Qu'importe puisque cela ne fait pas peur et
que ce qui fait peur ce n'est pas cela.

La grande coalition des insulteurs s'est forgé
au fil des ans une sorte de solidarité clandestine.
On rase les murs et on gagne les élections : un
point par-ci, un point par-là. Et peu à peu on
enlève son chapeau, on se plante au milieu de la
rue, on manifeste, on exige, on dénonce. On

n'aime pas les juifs mais enfin monsieur... nous ne sommes pas les seuls... Sur les arabes on dit tout haut ce que vous pensez tout bas. Alors on récupère tout ce qui en vous, n'a pas pu être, encore, évacué vers le bas.

Et il en reste de l'immondice... Avec tout ce que l'on nous cache...!

Alors le gros pantin s'agite. Il dresse des podiums avec, derrière lui, l'image d'un Clovis moustachu comme il convient. Il lève les bras au ciel et en appelle aux orages de la foule. Il va de crise en crise, de spectacle en spectacle et on le voit depuis dix ans, colporteur jovial de la petite vertu électorale, faire le trottoir. Ce n'est pas tellement de coucher qu'il s'agit. Simplement de légères obscénités jusqu'alors gardées pour soi et que l'on étale avec talent devant le petit peuple, les gros bras et les rombières exaltées, stupéfaites devant tant d'audace. C'est un peu ridicule, mais on a tellement dit que tout était ridicule. Il faut imaginer la gymnastique de Mussolini à l'heure d'Internet... Cela ne fait sourire que ceux qui ont de la mémoire.

Et pendant ce temps, jolie truite vagabonde, la vérité s'échappe.

Elle est plus libre que ceux qui font mine de l'attraper. Et tellement plus belle...!

J'avais décidé d'engager ce combat-là tout simplement parce que je trouvais que la France dont on me parlait du haut de ces tribunes, ce n'était pas la mienne.

Je n'avais d'ailleurs pas le sentiment d'être le propriétaire d'une France particulière. Je n'avais pas rangé quelque part, comme le portrait d'une grand-mère, l'image pieuse d'un pays exalté, sans peur et sans reproche, laissé intact par une Histoire chargée partout ailleurs de scories.

Bien au contraire, des événements, des dé-faites, de petites hontes faisaient comme un se-cret de famille autour de mon pays caché, au-tour de sa mémoire. Depuis l'affaire Dreyfus jusqu'aux divers scandales de la République, des crimes de l'Empereur jusqu'aux milliers de morts de Madagascar, en 1948, de la traite des Noirs jusqu'à la rafle du Vél d'Hiv, on pouvait avoir de notre histoire commune une autre lecture que celle des bigots et des bien-pensants. Les Français d'abord? Pourquoi pas, à condition que l'on regarde un peu ce qu'ils font...

Car je trouvais que Jeanne d'Arc sans Jean Moulin c'était – pour simplifier – une façon un peu cavalière de résumer les choses.

Devant mener en Provence une bataille politique qui, au nom de l'opposition, nous aurait permis de récuser tout à la fois le péronisme méridional de Le Pen et le socialisme étatique de Jospin, il me semblait que le débat méritait mieux que cette alternative. D'un côté l'impudeur de l'insulte de l'autre l'imperium de l'Etat.

Pour une élection régionale je pensais que l'on pouvait faire mieux. Evoquer la décentralisation nécessaire du pays, combattre le chômage par des mesures locales, définir des bassins d'emplois, y associer des filières de formation,

parler de la jeunesse, de notre culture proven-
çale, de notre Histoire... Cela m'intéressait...

Et voilà qu'à cette image idéale d'une élection
idéale se substitue le cauchemar d'un mauvais
polar rédigé par des maniaques sous la dictée de
personnages sulfureux assistés probablement de
quelque officine spécialisée.

Car on ne peut comprendre l'évolution du
Front national dans notre région sans l'éclairer
par les efforts désespérés que certains déployè-
rent pour s'en approcher, pour le séduire, pour
l'utiliser et pour enfin s'y perdre.

L'assassinat de Yann Piat, les commentaires
qui suivirent montrent à l'évidence que l'extré-
misme, et la violence qui l'environne, ont déjà
gagné, si l'on peut dire, droit de cité dans notre
région. Comme ailleurs et comme jadis, l'inté-
grisme politique et la pègre ne vont pas tout à
fait chacun de leur côté. C'est un vieux couple
qui trouve dans ses déchirements et ses retrou-
vailles matière à poursuivre sa route, une sorte
d'histoire commune où jouent, tout à la fois et

successivement, l'admiration, le dépit, la jalousie et l'amour. Car la thèse la plus évidente c'est que la violence politique, ses méthodes et ses hommes, avaient déjà investi depuis longtemps, dans la région toulonnaise, quelques bastions de la droite traditionnelle, comme elle l'avait fait jadis pour la gauche à Draguignan, à Marseille ou dans la banlieue parisienne.

Pour Mégret d'ailleurs, aussitôt éparpillées aux quatre vents les différentes ordures de la diffamation la déclaration est venue comme un constat évident, presque rassurant pour les électeurs de ce mouvement : « C'est vraisemblable. » *(sic)*

Le vraisemblable pour le dauphin de Le Pen c'est que l'on puisse faire assassiner, à distance, sur ordre, lorsqu'on est membre d'un gouvernement qui dispose de la force publique, un parlementaire. L'homme « aux mains propres » décrit ainsi sans trop d'émotion la conception que l'on a, au Front national, de la force, de la violence et de l'Etat. Comme pour Papon, jugé au même moment, comme pour tous ceux qui se levaient le matin pour embarquer des enfants, la phrase de Giraudoux s'applique naturellement : « Un fonctionnaire ça fonctionne. » Il ne viendrait pas à l'esprit de ces défenseurs de l'armée française qu'un ordre de cette nature si par malheur et par honte il était donné, cela se refuse. Qu'il est certainement monstrueux de le donner mais qu'il l'est tout autant de l'exécuter.

Non, pour Monsieur Mégret, un ordre ça s'exécute. Il est donc « vraisemblable » que des militaires soient des assassins à partir du moment où on leur aurait demandé de l'être.

Le plus vraisemblable c'est que lorsque dans la tête d'un Mégret ces mots s'assemblent et finissent en déclaration cela veut dire que dans l'esprit de milliers de petits « Mégret » le pire s'est déjà installé.

Car la vraie victoire du Front national elle est là. On peut toujours ici ou là dessiner des brassards à croix gammées sur les bras des frontistes, on peut toujours faire semblant de s'offusquer, on peut prendre à gauche des airs de sacristain offensé et à droite de spectateur at-tristé, on aura contribué à l'installation dans les esprits du « tous pourris, tous coupables » dès lors que le principe de soupçon l'aura emporté sur toute autre exigence.

Car la frontière est poreuse entre la belle iro-nie qui distingue une société de liberté, fondée sur l'esprit critique, et sa nécessaire insolence, et l'argent que l'on gagne à coups de sous-en-tendus, de calomnies conditionnelles, de mon-tages complexes auxquels, faute d'y croire, on donne l'apparence du vraisemblable.

C'est sur ce « vraisemblable » de Monsieur Mégret que je voudrais un instant m'arrêter. Je trouve dans le Petit Robert (édition de 1977) quelques mots qui m'éclairent. Après la défi-nition : « Qui est à bon droit considéré comme vrai ; qui semble vrai ». On trouve une belle illustration du substantif que l'on doit à Jean Ra-cine : « Il n'y a que le vraisemblable qui touche dans la tragédie ». Nous sommes dans une tragédie (celle de 1994) et Monsieur Mégret sait de quoi il parle : il veut toucher.

On peut dire d'ailleurs toucher dans tous les sens du terme. Et je reprends mon Petit Robert sur le verbe toucher. On y lit « frapper, atteindre, blesser... » Cela on le savait. Mais on y lit aussi : « recevoir, gagner, encaisser... »

Et c'est bien sur ce dernier mot qu'il faut un instant méditer. Car la caisse de Monsieur Mégret, c'est une urne...

Et cette tragédie, bien utilisée, bien « managée » comme on dit aujourd'hui, va lui permettre comme à tous ceux qui dans l'ombre s'approchent de lui, d'encaisser de bons profits électoraux. Car, mesdames et messieurs, si le livre dont nous parlons qui porte comme soustitre « des assassins au cœur du pouvoir » s'est bien vendu, c'est d'abord monsieur Mégret qui en encaisse les bénéfices.

Bien entendu je ne néglige pas les intérêts offusqués de l'éditeur. Quoi ? nous dit-il ! Vous mettez en cause la liberté de l'édition ! N'ai-je pas le droit de dire que vous êtes un assassin, que vous êtes le Sicilien du coin, que vous régnez comme une pieuvre (petite j'en conviens) sur un département tout entier? Au nom de quoi me contestez-vous ce droit-là?

J'avais, je l'avoue, une autre conception de l'édition, une autre conception de la liberté, une autre conception de ce qui s'écrit et de ce qui se vend. Car si un éditeur vendait de la drogue on aurait en face de lui une falaise de vertu. Les bonnes âmes, les esprits indignés, tout ce que Paris compte comme représentants du bon sentiment se serait dressé pour faire face à l'infâme, pour écraser justement, comme depuis Voltaire on aime le faire, l'hypocrisie. Mais la démocratie la plus molle du continent européen, le pays occidental le plus désabusé, l'Etat de droit qui a le plus d'Etat et le moins de droit, ce pays-là, le mien, s'affaisse devant les intérêts très précis du commerce de la boue : vendre le maximum de mensonge avant que la Justice n'y mette un terme. Car si nous n'y prenons garde la recherche et la défense de la vérité, de la vérité publique, apparaîtront bientôt comme des entreprises incertaines dont la République ne pourrait se soucier, tout entière livrée aux hasards de manipulations diverses, de combats menés par des cabinets occultes, de passions gérées par des truqueurs.

Nous risquerions alors de défendre un palais vide, comme Allende, le casque sur la tête, dans un geste pathétique tirait au revolver sur des blindés.

Ceci serait une comparaison ridicule si l'image même d'un principe dépouillé de son sens ne sautait aux yeux lorsque, tout autour de ce vide, s'étale et se diffuse la réalité brutale du mépris.

Car lorsque chaque ligne d'un livre est une insulte au bon sens, lorsque chaque progrès de la haine est une liberté qui s'éloigne, lorsque chaque complaisance est un renoncement il nous faut vivre avec un pays blessé, avec une âme blessée, avec la blessure elle-même, jamais guérie, de notre tristesse.

CHAPITRE 7

Pleure, Ô pays bien-aimé

Alors je lis les titres, les commentaires, les avis des uns et des autres. Mon premier malaise vient de ce qu'on en parle de ce livre comme d'un sujet dont on peut parler. Comme d'une histoire possible. Entre les méfaits d'un courant chaud baptisé « El Niño », la question de savoir s'il faut que Papon soit en liberté ou non, la conférence sur les 35 heures et quelques modestes faits divers, il y a ça. Je ne sais pas comment dire autrement que « ça », ce livre, cette suite de mots, ces pages que l'on feuillette dans le train entre une bière et un sandwich. Je ne sais pas comment l'appeler car la gestation de ce monstre fait davantage appel à un imaginaire de bande dessinée qu'à un livre dont l'objectif serait d'établir une vérité occultée. Mais le monstre est là. Il crée autour de lui comme un trou d'air, un tourbillon noir où les paroles vont se perdre, emportées vers un monde glauque où l'on ne reconnaît plus aucun paysage, aucun fait, aucun événement. Un monde d'outre-tombe où les sorcières ont été remplacées par des assassins.

Alors je prends au téléphone les meilleurs éditorialistes qui s'interrogent, s'inquiètent, se scandalisent. Je vois certains journalistes, que j'estime, venir vers moi... Je les écoute... Oui, c'est vrai : la honte. Je l'ai écrit pour *Le Monde*. J'ai tenté de le décrire ce sentiment qui nous étreint alors que l'on a joué avec le pire et que le pire a gagné. Il y a là l'évidence d'une manipulation qui a si bien marché que l'on se retrouve un peu bête, un peu niais, avec le jouet cassé de sa propre histoire au milieu des ricanements et des soupçons. Comme on a peu de mémoire on ne se souvient pas de « Je suis partout », on préfère ne pas parler de Salengro...

Mais moi je me souviens de Bérégovoy et de cet envahissement, au bord du canal, de tout son esprit par la tristesse. Encore là y avait-il un fait, même s'il était scandaleusement mis en scène. Mais j'ai l'impression d'avoir été là.

Non pas face à lui mais face aux autres qui tournaient autour de lui comme on le fait autour d'un toro, après l'estocade, pour qu'il tombe plus vite. J'ai le sentiment d'avoir été là partageant ce sentiment d'irréparable qui fait que pour lui, à ce moment-là, plus rien ne sera comme avant. Il n'a pas encore fait le geste, la mort n'est pas encore venue mais il sait déjà que c'est la seule issue et son regard se voile. La veille, dans une émission dite humoristique, il faisait une réussite avec des billets de 500 F... En France on achève bien les chevaux... Il ne sait pas encore, il ne saura jamais, que la voix de son ami, le Chef de l'Etat, retentira quelques jours plus tard dans un silence glacial et qu'auprès de son cercueil elle évoquera « les chiens » et que quelques-uns de ces chiens, les plus serviles, se glisseront alors le long des murs, la queue basse, pour recommencer ailleurs, poussés par leur nature de chiens... langue pendante et bave au museau...

Oh, je sais, ils peuvent protester, ils peuvent s'écrier et maudire. Les protestations des chiens

ce ne sont que des aboiements. Ils ne m'empê-
cheront pas de considérer que la maison qu'ils
défendent – le principe de liberté – est vide de
tout occupant à partir du moment où ils l'en ont
chassé. Car je ne connais pas de liberté qui
s'affranchisse aisément d'une responsabilité. Je
ne connais pas de droit qui ne soit équilibré par
une sanction lorsqu'il vient à être dévoyé. Je ne
connais pas de société qui puisse s'accommoder
facilement du tapage de l'outrage et du silence
de la réparation. Car précisément ce ne serait
plus une société au sens où on l'entendait au
XVIIIe siècle.

Alors j'essaie de comprendre, ne serait-ce que
pour mon fils, pour lui raconter plus tard, pour
qu'enfin quelqu'un mesure ce qui a succédé à
ma colère : le désarroi, le vide, l'impuissance.
L'inaptitude à donner à tout cela un sens, une
utilité, l'ombre même d'un intérêt pour qui que
ce soit...

Et je vois bien, à l'avance, ce qui va se faire,
ce qui va se passer : l'abondance même du papier lasse toute attention, cache l'essentiel. Plus

on en parle moins on comprend. Plus on décrit la machination moins elle s'explique. Plus on se défend, plus se répand l'odeur obscène du soupçon. Alors on me dit : « Ce n'est pas grave... Vous allez gagner... »

Mais est-ce une victoire que de ne pas être considéré, par la Justice de son pays, comme un assassin ? Cet objectif est-il à la hauteur de l'insulte, des dégâts, de la mort de cette femme ? A quoi cela sert-il de faire découvrir par des magistrats, alors qu'ils ne vous accusent pas, ce que vous savez, c'est-à-dire : rien. Pourquoi tenter de faire lever, dans l'esprit des gens que vous n'avez jamais rencontrés, des doutes que d'autres ont semés et qui ne vous concernent pas.

En vérité c'est d'une autre histoire qu'il s'agit. J'ai depuis quelques semaines le sentiment que l'on parle d'autre chose qui n'a rien à voir avec moi, avec ma vie, et que l'on me force à aller là-bas dans un autre pays que le mien, dans lequel, comme un esclave, je suis constamment déplacé...

Je sais trop bien ce qui va se passer : lorsque la vérité apparaîtra, l'indifférence l'entourera. Car ce n'est pas la vérité – je veux dire les faits eux-mêmes – qui est recherchée aujourd'hui dans les méandres de cette ignominie. Cela n'a même rien à voir avec elle. Peu à peu, les faits, les dates, les visages, les événements s'éloignent. Reste le dégoût. Le dégoût fait vendre. Pas la vérité. La condamnation fait du papier. Pas la réhabilitation. C'est dire qu'il faut d'abord accabler au maximum, sans mesure. Déverser la boue et l'ordure, en espérant que l'odeur en restera toujours attachée à vous. Et c'est ce qui se passe : le mécanisme fonctionne désormais quels que soient les tireurs de ficelles. Pinocchio finit toujours par marcher tout seul.

J'avoue que lorsque je vis, pour la première fois, sur un écran, le visage de l'un des auteurs de ce livre, je compris effectivement que le système marchait de lui-même. Fier, au fond, d'arriver jusqu'à cette consécration du journal télévisé de 20 heures, l'individu en question, ayant les difficultés que l'on devine avec le français et avec la morale, réussit à allier l'incohérence de l'esprit et la veulerie d'un propos nauséabond. Cela se sentait à travers l'écran ! Ce qui démontre que si notre langue n'est pas toujours celle de la vertu elle a besoin pour être entendue sans dégoût d'entretenir quelques rapports avec l'élégance.

Je n'ai jamais pensé que la politique, à la différence de la guerre, puisse avoir quelque lien que ce soit avec l'élégance. Mais elle est, comme la guerre, meurtrière. Les cadavres sont moins visibles, les ruines moins spectaculaires mais les dégâts sont à la mesure de sa vulnérabilité au mensonge, comme de son emprise sur la société.

Alors je pense au titre du livre d'A. Paton : « Pleure, ô pays bien-aimé... » Oui. J'ai reçu depuis le début de cette affaire, des centaines de lettres sur ce pays que l'on pleure comme une arche perdue. Sur une certaine nostalgie de l'honneur, sur la recherche – à tâtons – de ce qui a pu être, jadis, une vérité, sur une démocratie paisible qui ferait de chacune de ses confrontations une occasion de dialogue ou d'écoute. « Qu'elle était verte ma vallée...! » J'ai découvert dans ces lettres comme un ancien rêve d'enfance et de naïveté. Le sous-préfet aux champs. L'école primaire de Jules Ferry. Le député humaniste et généreux. Le cercle républicain... Les grands principes... Combien sont ceux, parmi nos compatriotes, qui aiment sincèrement cette démocratie dessinée comme une image, qui en ont envie comme d'un bien rare et qui ressentent devant tout cela un sentiment de gâchis, voire de la nausée. Je tiens ces lettres à la disposition des journalistes : les vrais et les faux, les honnêtes et les imposteurs. Ceux qui aiment leur métier au détriment de leur propre vérité et ceux qui aiment le mensonge au détriment de leur propre métier.

Je les tiens disponibles, ouvertes à tous, parce qu'à leur manière, dans leur petite sphère, chacune à sa façon, elles représentent une partie de la voix cachée du peuple. De gauche ou de droite, de nulle part ou de rien du tout, du fond de sa nuit comme de cette lumière où l'on enveloppe la notoriété, ce peuple-là il existe, il vit, il respire, il écrit! Oui, ces lettres je les garde comme un moment précieux de ce que j'ai aimé dans l'engagement public, dans ce pays que j'ai naïvement voulu servir et qui se voit aujourd'hui traversé d'ombres inquiétantes.

Car la question interminablement posée par ces lettres, c'est bien celle qui habite mes jours et mes nuits : à quel moment, avec quels mots, à quel endroit, dans quel esprit des hommes se sont rencontrés pour construire un tel montage ? Il faut imaginer la scène, les coups de téléphone qui la précèdent, les objectifs qui sont présentés, le calendrier qui est arrêté... Il faut imaginer celui qui donne des ordres et celui qui les reçoit. Il faut imaginer l'argent...

Car je doute fortement que ces deux individus, auteurs apparents du livre en question, aient pu agir seuls, de leur propre chef, sans appui extérieur, sans logistique et sans conseils. Dans toutes les interventions qui ont été les leurs depuis le début de cette pitoyable affaire, c'est l'air hagard, le verbe hésitant, la démarche incertaine de chacun d'entre eux qui m'ont le plus frappé. Pris sur le fait, de petits voleurs à la tire ne présentent pas une allure profondément différente. Alors la tentation est grande d'aller toucher derrière, plus loin, plus haut... Et je compte sur la Justice de mon pays pour établir autour de deux scribouillards ahuris par leur propres turpitudes, les connexions, les prolongements, les rapprochements qui ne laissent pas d'inquiéter ceux qui se demandent ce que l'Etat vient faire là-dedans.

Car enfin s'il apparaissait que des militaires, d'une manière ou d'une autre, ont été mêlés à ce scandale – ce que personnellement j'ai du mal à admettre – il faut que l'Etat assure la protection de ses propres agents afin que la faute éventuelle de quelques-uns ne rejaillisse pas sur la communauté tout entière.

Il se trouve que j'ai aimé travailler au service de cette communauté, que j'ai apprécié la qualité des hommes qui y servaient, que j'ai partagé avec eux, en Bosnie, au Rwanda, en Somalie, au Cambodge les belles actions qu'ils ont menées. Je ne peux donc supporter un instant que la notion de responsabilité collective, là encore, soit avancée et que l'Etat se désintéresse de la seule partie de la société française qui ne peut se défendre elle-même. C'est un appel que de nouveau je lance à l'Etat. Cette affaire, comme on dit maintenant, ne concerne pas simplement deux hommes politiques accusés de façon rocambolesque d'une infamie. On ne saurait s'arrêter en si bon chemin. Il faut démasquer et sanctionner ceux qui d'une façon ou d'une autre, auraient prêté la main à l'élaboration d'une telle théorie. Car si le Général évoqué dans le livre ne correspond à aucun personnage existant, il faut que l'Etat lui-même porte plainte contre ceux qui l'ont inventé. J'ai été ministre de la Défense. Je n'ai jamais protégé de leurs propres fautes les militaires qui en avaient commis. Il m'est arrivé de sanctionner rudement des manquements constatés à l'honneur ou à la discipline. Mais en contrepartie, j'ai toujours considéré qu'il était de mon devoir de protéger la communauté militaire en tant que telle, de ce qui pouvait la menacer et contre quoi elle peut difficilement réagir.

Je vais un peu plus loin. Puisqu'on affirme

dans ce livre que l'assassinat de Yann Piat était lié à des transactions foncières relevant du Ministère de la Défense, je demande que l'on publie avec précision l'état des biens fonciers appartenant, dans cette région, à la Défense au moment où je suis arrivé et au moment où je suis parti. Que l'on dise ce qui a été vendu, à quel prix et selon quelles procédures. Que l'on explique pourquoi l'administration du Ministère, sous mon autorité et à ma demande expresse, s'est opposée à la vente d'un terrain à la Londe, demandée par le Maire au profit d'un projet touristique et au détriment d'une affectation sociale que j'ai préservée. Rien de tout cela ne mérite quelque secret que ce soit. Je crois suffisamment à la continuité de l'Etat pour penser que mes deux successeurs se feront un devoir de publier ces éléments d'information avec rapidité et probité.

Bien entendu je connais la réponse. Mais je regrette qu'il faille donner à l'abjection de la rumeur la gratification, et comme la caution, d'une réplique.

Car dans l'étrange compétition qui oppose une rumeur à un fait, ce n'est jamais le fait qui gagne.

Je crois néanmoins de mon devoir de livrer à la réflexion de chacun quelques – uns de ces faits, de peur que par une inadvertance tout à fait fortuite on ne les laisse dans leur silence.

Qui a jamais écrit que lorsque l'Etat vend ses terrains, c'est le ministère des Finances qui évalue les actifs et qui assure la transparence des procédures ?

Qui a jamais écrit qu'entre l'Italie et l'Espagne – et précisément sur la Côte d'Azur – j'ai été le seul maire à protéger de toute urbanisation plus de 300 hectares en bord de mer ? Que cette surface qu'il a fallu faire acheter pendant plus de dix ans, se trouve définitivement inconstructible et qu'elle représente dix fois plus que ce qui a été construit, sous le nom de Port-Fréjus, en pleine zone urbaine ?

Qui a jamais écrit que la vocation militaire du

site aéronautique de Hyères a été, par moi-même, renforcée?

Qui a jamais écrit que j'avais, plus qu'aucun autre Ministre, engagé le Conservatoire du littoral dans l'ensemble de ces procédures foncières pour assurer dans de bonnes conditions la nécessaire préservation d'un espace fragile?

Qui a jamais écrit que la Ville de Fréjus a acheté la base aéronavale qui se trouve sur son territoire, en 1995, plus de six mois après mon départ du ministère de la Défense, au prix fixé par l'administration des Domaines et que depuis cette date seuls des services publics ont occupé les bâtiments laissés par les militaires?

Voilà simplement quelques – uns de ces faits. Comme on dit chez nous, en Provence, en parlant des figues, ils « pèguent ». Ils collent aux mains et on ne pourra pas s'en débarrasser facilement.

Mais vous voyez : je m'engage dans une réponse que je ne souhaitais pas à la rumeur la plus sordide. D'une certaine manière, elle a déjà gagné. Et il ne me reste que le plaisir amer de citer Beaumarchais :

« ... D'abord un bruit léger, rasant le sol comme hirondelle avant l'orage, pianissimo, murmure et file, et sème en courant le trait empoisonné. Telle bouche le recueille, et piano, piano, vous le glisse en l'oreille adroitement. Le mal est fait; il germe, il rampe, il chemine et rinforzando de bouche en bouche il va le diable, puis tout à coup, ne sais comment, vous voyez calomnie se dresser, siffler, s'enfler, grandir à vue d'œil. Elle s'élance, étend son vol, tourbillonne, enveloppe, arrache, entraîne, éclate et tonne, et devient, grâce au ciel, un cri général, un crescendo public, un chorus universel de haine et de proscription. Qui diable y résisterait? » (*Le Barbier de Séville* – Acte II. Scène 8)

Oui, Jean-Claude Gaudin et moi, nous nous sommes posé la question : « Qui diable y résisterait? »

Nous avons utilisé le mépris du silence. On nous le reproche aujourd'hui. Nous parlons, on nous le reproche. Nous utilisons des voies de droit, on nous le reproche encore.

On va nous dire que ce n'était qu'un roman, un mauvais « San Antonio » pour le buffet de la gare de Vierzon... Qu'il ne fallait pas s'en offusquer... Une sorte de plaisanterie en somme...

Mais veut-on faire semblant d'oublier que le point de départ de tout cela c'est une mort? La vraie mort d'une femme dans le début d'une nuit d'hiver? Que ce n'est pas un jeu. Et que de cette mort, il est légitime qu'on demande justice... Que de l'abject montage qui a été construit autour de cette souffrance il est juste que l'on demande réparation... Que si tout cela n'a rien à voir avec le ministère de la Défense ce n'est pas à moi de le dire mais à la Justice?

On a invoqué sur cette ténébreuse affaire le « secret-défense ». Mais je ne vois pas très bien ce qu'il vient faire là à partir du moment où aucun intérêt national n'est en jeu.

Car s'il est normal que certaines décisions,

certains projets ou événements concernant la défense de notre pays soient protégés par le secret – et j'en connais beaucoup qui le sont à juste titre – il n'y a aucune raison de couvrir d'une telle protection les fautes éventuellement commises. La République a tout à gagner à cette transparence qui la protège elle-même davantage que tous les règlements.

J'ose espérer que pour sa propre réputation, l'Etat saura répondre à cette demande qui le concerne dans l'une de ses fonctions les plus éminentes : la protection de ses propres agents.

Je trouve, dans la préface de Bernard Groethuysen au *Procès* de Kafka, les phrases suivantes :

« Cherchons donc ensemble de quoi tu peux être coupable et fouillons nos souvenirs. Pourtant à quoi bon ? C'est l'accusateur qui rend coupable. Personne ne saurait choisir ses propres crimes. Allons donc devant le juge. Mais, me dis-tu, je l'ai cherché toute ma vie. Il est introuvable ; et je ne sais plus à quelle porte frapper. »

C'est ce qui m'était resté de l'œuvre de Kafka : cette tristesse, cette anxiété du désarroi. Le sentiment d'un monde que l'on ne comprend plus, une impuissance personnelle à en maîtriser les rouages, une impression de dépossession sur son propre destin.

C'est peut-être ce qui touche aujourd'hui une partie de nos compatriotes. Pour eux, pour nous, la France signifiait quelque chose, elle permettait de donner un certain sens à chacun de nos avenirs. Que ce soit formulé ou non, conscient ou non, c'était cela la nation : une idée de l'autorité légitime, de la loi, une langue, une culture, une façon de faire quelque chose ensemble... Allons jusqu'au bout : un bonheur d'être ensemble.

Si tout cela ne tient plus que par morceaux, par bribes, par petits moments éparpillés, alors il faut s'interroger.

Où en est-on de la nation ? Ce n'est pas une question emphatique, un peu solennelle, dont se moqueraient les esprits forts. L'état de la nation, comme on dit ailleurs, c'est une question qui traverse le temps, qui traverse tous les temps.

Dans le RER, sur une place publique, dans une grève, dans un conseil municipal il y a une nation qui vit, qui se transforme, qui se parle, s'ennuie et s'ignore. Ce n'est pas de la sociologie cette question. C'est de l'Histoire toute simple, c'est même toute notre Histoire : la nation ne s'effondre qu'après s'être détruite elle-même. Et la question d'aujourd'hui c'est de savoir ce qu'il en reste. Un sentiment de communauté ? Une petite résignation à subir la crise ? La colère parce que les choses n'avancent pas ? La perception de l'injustice ? Une lente extinction ?

Dans « l'Alouette » d'Anouilh, il y a un personnage qui, plus que d'autres, déteste la France. C'est le comte de Warwick. Il représente l'Angleterre et le Gouvernement de Sa Majesté. Mais ce n'est pas pour cette raison que Jeanne lui dit qu'elle n'est pas de la même race que lui. C'est parce qu'il ment, parce qu'il aime le mensonge. On voit bien aussi qu'il ne comprend rien à cette petite bergère de rien du tout. Il a une idée, Warwick, sur le monde :

« Qu'est-ce que gouverner le monde, demande-t-il, sinon faire croire à des imbéciles qu'ils pensent d'eux-mêmes, ce que nous leur faisons penser ? »

Et si c'était cela ce qu'on appelle une manipulation : prendre les gens pour des imbéciles, dicter leur conduite, organiser le mensonge comme on construit une maison ? Une pièce pour chaque argument, un chapitre par mètre carré, un roman pour faire un toit... Le « mentir-vrai » c'est toute la question. Nous sommes entrés dans la grande époque des montages. Nous avons largement dépassé la période romane et la modestie de ses artisans pour aller vers le gothique flamboyant. Mais dans ce qui nous est arrivé le livre n'est qu'un aspect. L'écrit, en général, n'est pas au mieux de sa forme. En l'occurrence il a seulement déclenché le cyclone des vraies puissances, et d'abord de la télévision. Ce n'est qu'ensuite que se conjugue l'effort des fantassins : magazines, radios, presse régionale et nationale... Quand tout cela se met en mouvement en même temps vous n'êtes plus qu'un fétu de paille. Que valent alors la règle de droit, l'esprit de respect que j'évoquais au début de ces lignes ?

Méprisés ? Pas seulement : envolés, exilés, engloutis corps et biens. Et voilà que lorsque le cyclone est passé il reste les hommes. Avec leur vie, leurs familles, leurs amis. Dépossédés de ce qui tient normalement à leur identité : quelque chose comme une réputation, l'image qu'on a d'eux.

Qui rendra justice de cela lorsqu'un matin, en vous levant, vous vous apercevrez d'un poids sur les épaules, d'un regard différent sur vous dans la rue, d'une certaine hésitation autour de vous...

Au fond je n'ai écrit que pour cela. Pour que dans le tumulte de la vie, dans le flot continu des informations, dans la grande dérive des vérités, il y ait comme une bouteille à la mer avec le silence de son message.

La Justice dira ce qu'elle a à dire. Elle condamnera selon ses règles. Elle pèsera chacun des mots, chacune des insultes. Mais il restera toujours que l'on a osé affirmer qu'un dépositaire, au plus haut niveau, de l'autorité publique aurait pu dévoyer la confiance qui lui avait été accordée par son pays pour régler, par l'assassinat, ses propres comptes... J'ai dit à la télévision que cela méritait la peine de mort. On a fait semblant de croire que je la demandais pour les deux journalistes en cause! Mais qu'ils aillent au diable! Qu'ils vivent le plus longtemps possible dans la plus grande opprobre! Non. Je demandais cela pour celui qui aurait osé se plier à une telle forfaiture.

J'ai aujourd'hui un sentiment de grande répulsion pour cette sanction pénale. Mais je la considérerais comme légitime dans l'hypothèse évoquée, car si la République ça pouvait être cela, un seul instant, alors il faudrait en détourner le regard et le cœur.

Mais ce n'est pas mon propos d'aujourd'hui. Car je ne crois pas que l'on puisse affirmer des principes et des règles sans que l'espoir vienne s'y cacher.

Ce n'est pas simplement parce que nous avons besoin, comme d'un oxygène, de croire à un avenir de la vérité.

C'est aussi parce que nous avons besoin de l'homme lui-même pour porter cet avenir.

CHAPITRE 8

Le devoir de comprendre

Maintenant il reste devant nous, au-delà du petit champ de ruines que la manipulation a pu provoquer, un immense espoir à reconstruire. Je ne crois pas que mon pays soit voué, par principe, à cette dégradation constante de sa vie publique. Je ne pense pas qu'il y ait une fatalité française qui nous mette aux yeux du monde et à nos propres yeux dans le camp de ceux qui se détruisent eux-mêmes... Certes, nous y avons quelque talent mais nous pourrions en user d'une autre manière.

Celles et ceux qui ont eu l'indulgence de me lire jusqu'à ces lignes peuvent se demander s'il est utile de s'engager dans la vie publique, de croire à quelque chose, voire de voter. La tentation de l'indifférence est là qui nous poursuit. Elle se nourrit de mille raisons, elle trouve chaque jour une légitimité nouvelle. Mais pourquoi, moi qui ai été accusé d'être un « assassin d'Etat » (je cite), moi qui n'ai plus qu'un désir – une fois la justice rendue – c'est « qu'on me foute la paix », pourquoi je ne propose pas autour de moi cette sorte de désertion qui consisterait à s'abstraire du chaos du monde et à rêver d'une autre façon d'exercer « le métier de vivre », dont parlait Pavese ? Une façon plus lointaine, plus désinvolte, plus prudente aussi. Une certaine ironie qui nous mettrait à l'abri des convictions trop fortes.

Si je devais la pratiquer un jour pour moi-même, cette attitude, je m'efforcerais de ne pas la proposer en exemple. Chacun est juge en effet de son propre engagement, de l'utilité de son action. Chacun peut comprendre aussi que la situation économique de notre pays ne permet pas un développement inconsidéré de la casuistique et qu'il est urgent, si l'on ne veut pas que l'Histoire nous saute au visage, de répondre d'abord et avant tout à la question de l'emploi.

Mais chacun peut mesurer aussi, en regardant

le monde, que c'est l'indifférence des uns qui fait le fanatisme des autres, que c'est l'absence de droit qui nourrit l'arrogance du plus fort, et que la justice, qui n'est ni un appareil ni un ministère mais une façon d'être, mérite un peu plus que d'être seulement défendue.

Et je retrouve ces presque derniers mots de Dominique de Roux, dans sa dernière revue (*Exil*-1973) dont quelques numéros seulement parurent :

« Choisir, aux risques les plus grands, le parti de l'être contre le parti du néant, l'esprit vivant contre la lettre morte, c'est choisir à la fois la plus grande liberté et le prix qu'il faut lui payer. »

Je ne sais pas si j'ai choisi la plus grande liberté, mais j'ai choisi en tout cas celle de dire ce que je pense, de refuser ce qui est injuste, de dénoncer ce qui pousse au mensonge et à la mort.

Le prix à payer c'est le jugement que l'on

porte un jour ou l'autre sur sa propre mort. C'est le sentiment que l'on a pu avoir de servir une idée, un pays, une cause. Ou de ne jamais avoir ce sentiment.

C'est d'être patriote pour deux, pour trois, pour mille puisque certains manquent à l'appel.

Et je ne voudrais pas que dans quelques mois on ait oublié ce qui s'est passé : la tentation de gagner une élection autrement que par l'intelligence de l'enjeu, autrement que par le droit paisible que les Français se sont donné. Car l'Histoire est là qui nous montre que cette tentation a existé dans le passé, qu'elle a réussi ailleurs et qu'elle a entraîné ensuite d'immenses souffrances.

Je reprends maintenant ma route. J'ai écrit ces lignes trop brèves en quelques jours. On me pardonnera j'espère la vivacité, l'écœurement, peut être la lassitude. Mais il faut reprendre la route. La vie ne s'arrête pas à la seule étape de l'injure. Il me restera de tout cela quelques moments difficiles et précieux : les larmes de ma femme, la tristesse et l'amitié de quelques-uns, la voix violente et grave de ma mère, la dignité du Parlement, la muflerie de certains petits chefs, la consternation des vrais journalistes, et le contentement discret des hypocrites.

Tout cela je l'emporte avec moi : les petits événements de la vie ont cette vertu qu'ils font apparaître derrière les visages comme une vérité de l'homme qu'on ne se lasse pas de découvrir.

On apprend à vivre comme on apprend à souffrir. De la même manière, au même rythme et en même temps. Ces temps-ci j'ai beaucoup appris.

Voici le temps venu de conclure et de laisser chacun aller en paix vers sa vérité.

Je ne peux que dédier ces dernières lignes à la jeune femme assassinée du Mont des Oiseaux, à celle qui un soir de février a mesuré dans son corps ce que la haine avait à lui dire mais qui s'est endormie sans comprendre.

Nous avons le devoir de comprendre pour elle, à sa place et en son absence.

Nous avons le devoir de demander que justice lui soit rendue.

Nous avons le devoir de respecter sa mémoire et de ne pas ajouter à sa mort l'abjection nouvelle d'un insoutenable déshonneur.

TABLE

www.ingramcontent.com/pod-product-compliance
Lightning Source LLC
LaVergne TN
LVHW051242060726

842526LV00013B/3019